Social Media Keyword Tracker For Authors

Designed by
TeeCee Design Studio

Keyword Tracker

Genre _________   Genre _________   Genre _________

Keyword Tracker

Genre _________________   Genre _________________   Genre _________________

Keyword Tracker

Genre ___________

Genre ___________

Genre ___________

Keyword Tracker

Genre ___________   Genre ___________   Genre ___________

Keyword Tracker

Genre ___________   Genre ___________   Genre ___________

Keyword Tracker

Genre __________   Genre __________   Genre __________

Keyword Tracker

Genre _______________

Genre _______________

Genre _______________

Keyword Tracker

Genre __________   Genre __________   Genre __________

Keyword Tracker

Genre ____________ Genre ____________ Genre ____________

Keyword Tracker

Genre _______________

Genre _______________

Genre _______________

Keyword Tracker

Genre _________________________________Genre _________________________________Genre ______________________

Keyword Tracker

Genre _____________   Genre _____________   Genre _____________

Keyword Tracker

Genre _________   Genre _________   Genre _________

Keyword Tracker

Genre _______________   Genre _______________   Genre _______________

Keyword Tracker

Genre ___________   Genre ___________   Genre ___________

Keyword Tracker

Genre __________   Genre __________   Genre __________

Keyword Tracker

Genre _______________

Genre _______________

Genre _______________

Keyword Tracker

Genre _____________   Genre _____________   Genre _____________

Keyword Tracker

Genre _________   Genre _________   Genre _________

Keyword Tracker

Genre __________ Genre __________ Genre __________

Keyword Tracker

Genre ________________   Genre ________________   Genre ________________

Keyword Tracker

Genre _______________

Genre _______________

Genre _______________

Keyword Tracker

Genre __________   Genre __________   Genre __________

Keyword Tracker

Genre _______________

Genre _______________

Genre _______________

Keyword Tracker

Genre _____________   Genre _____________   Genre _____________

Keyword Tracker

Genre ___________   Genre ___________   Genre ___________

Keyword Tracker

Genre _______________   Genre _______________   Genre _______________

Keyword Tracker

Genre __________   Genre __________   Genre __________

Keyword Tracker

Genre _____________   Genre _____________   Genre _____________

Keyword Tracker

Genre __________ Genre __________ Genre __________

Keyword Tracker

Genre __________   Genre __________   Genre __________

Keyword Tracker

Genre _______________   Genre _______________   Genre _______________

Keyword Tracker

Genre ________   Genre ________   Genre ________

Keyword Tracker

Genre _________   Genre _________   Genre _________

Keyword Tracker

Genre _______________

Genre _______________

Genre _______________

Keyword Tracker

Genre _________   Genre _________   Genre _________

Keyword Tracker

Genre _____________   Genre _____________   Genre _____________

Keyword Tracker

Genre _______________

Genre _______________

Genre _______________

Keyword Tracker

Genre __________ Genre __________ Genre __________

Keyword Tracker

Genre _____________   Genre _____________   Genre _____________

Keyword Tracker

Genre ___________   Genre ___________   Genre ___________

Keyword Tracker

Genre _____________   Genre _____________   Genre _____________

Keyword Tracker

Genre _______________

Genre _______________

Genre _______________

Keyword Tracker

Genre ______________   Genre ______________   Genre ______________

Keyword Tracker

Genre __________   Genre __________   Genre __________

Keyword Tracker

Genre _____________

Genre _____________

Genre _____________

Keyword Tracker

Genre _______________   Genre _______________   Genre _______________

Keyword Tracker

Genre __________   Genre __________   Genre __________

Keyword Tracker

Genre __________   Genre __________   Genre __________

Keyword Tracker

Genre _____________

Genre _____________

Genre _____________

Keyword Tracker

Genre ______________   Genre ______________   Genre ______________

Keyword Tracker

Genre _________   Genre _________   Genre _________

Keyword Tracker

Genre ________________   Genre ________________   Genre ________________

Keyword Tracker

Genre __________   Genre __________   Genre __________

Keyword Tracker

Genre __________   Genre __________   Genre __________

Keyword Tracker

Genre _________   Genre _________   Genre _________

Keyword Tracker

Genre __________   Genre __________   Genre __________

Keyword Tracker

Genre ___________ Genre ___________ Genre ___________

Keyword Tracker

Genre _________   Genre _________   Genre _________

Keyword Tracker

Genre __________ Genre __________ Genre __________

Keyword Tracker

Genre ___________   Genre ___________   Genre ___________

Keyword Tracker

Genre ____________   Genre ____________   Genre ____________

Keyword Tracker

Genre ________________   Genre ________________   Genre ________________

Keyword Tracker

Genre _________   Genre _________   Genre _________

Keyword Tracker

Genre _______________

Genre _______________

Genre _______________

Keyword Tracker

Genre _________   Genre _________   Genre _________

Keyword Tracker

Genre ____________ Genre ____________ Genre ____________

Keyword Tracker

Genre __________ Genre __________ Genre __________

Keyword Tracker

Genre _________   Genre _________   Genre _________

Keyword Tracker

Genre ___________

Genre ___________

Genre ___________

Keyword Tracker

Genre _______________

Genre _______________

Genre _______________

Keyword Tracker

Genre _______________   Genre _______________   Genre _______________

Keyword Tracker

Genre __________ Genre __________ Genre __________

Keyword Tracker

Genre _______________

Genre _______________

Genre _______________

Keyword Tracker

Genre _____________   Genre _____________   Genre _____________

Keyword Tracker

Genre __________   Genre __________   Genre __________

Keyword Tracker

Genre ___________   Genre ___________   Genre ___________

Keyword Tracker

Genre __________   Genre __________   Genre __________

Keyword Tracker

Genre _______________   Genre _______________   Genre _______________

Keyword Tracker

Genre __________ Genre __________ Genre __________

Keyword Tracker

Genre _________   Genre _________   Genre _________

Keyword Tracker

Genre ___________   Genre ___________   Genre ___________

Keyword Tracker

Genre __________ Genre __________ Genre __________

Keyword Tracker

Genre ___________   Genre ___________   Genre ___________

Keyword Tracker

Genre ____________

Genre ____________

Genre ____________

Keyword Tracker

Genre __________ Genre __________ Genre __________

Keyword Tracker

Genre ________ Genre ________ Genre ________

Keyword Tracker

Genre __________   Genre __________   Genre __________

Keyword Tracker

Genre ____________ Genre ____________ Genre ____________

Keyword Tracker

Genre __________ 　 Genre __________ 　 Genre __________

Keyword Tracker

Genre ___________________

Genre ___________________

Genre ___________________

Keyword Tracker

Genre ____________

Genre ____________

Genre ____________

Keyword Tracker

Genre ______________   Genre ______________   Genre ______________

Keyword Tracker

Genre _____________

Genre _____________

Genre _____________

Keyword Tracker

Genre ___________   Genre ___________   Genre ___________

Keyword Tracker

Genre _________

Genre _________

Genre _________

Keyword Tracker

Genre __________   Genre __________   Genre __________

Keyword Tracker

Genre __________   Genre __________   Genre __________

Keyword Tracker

Genre __________

Genre __________

Genre __________

Keyword Tracker

Genre ____________ Genre ____________ Genre ____________

Thank you so much for your purchase.

I really do hope that this book has helped you,
even in some small way.

Would you like to see different designs/styles?

I am always very happy to hear from customers,
so please feel free to email me on

teeceedesignstudio@yahoo.com